Henning Boëtius
Selbstgedichte

Eichborn Verlag

CIP-Kurztitelaufnahme der Deutschen Bibliothek

Boëtius, Henning
In Zeiten fallenden Laubes : Selbstgedichte /
von Henning Boëtius. – Frankfurt am Main :
Eichborn, 1986.
ISBN 3-8218-0127-1

Ausstattung: Uwe Gruhle · Covergemälde: Autor ·
Gesamtherstellung: Fuldaer Verlagsanstalt GmbH · ISBN 3-8218-0127-1 ·
Verlagsverzeichnis schickt gern: Eichborn Verlag, D-6000 Frankfurt 70

Kindheit

Wolken

Unter den Wolken
war eine die schönste am Himmel
in der er träumte
über die Erde zu ziehen
in einem weißen
und einem dunklen Schatten.

Gerade geboren
aus lauter Liebe
lag er am Strand
und folgte den Wolken
in seinen Gedanken.

Den ganzen Tag lag er so
während der Wind seine Blätter bewegte
im Meer,
aber je älter er wurde
desto reiner wurde der Himmel
und wolkenlos über der Welt.

Zur Feier des Tages
erwachten am Morgen die Dinge
das Kind, ein Hoffnungsschimmer
die rote Sonne
und später die weiße.

Es gab so viel Stunden umsonst,
man stopfte die Taschen voll Wunder
wie weit kannst du zählen?
bis tausend und einen Tag.

Die Sterne ließen sich niemals zählen
weil es ein Lied so wollte,
die Tage jedoch waren zählbar
aber das Kind wußte noch nicht
daß es wirklich so war.

Vor dem grauhaarigen Meer
und den sanften Fischen
im hohen Alter der Kindheit
brachte es seine Zeit übers Wasser
barfüßig bis in den Himmel
und mitten im Schmerz,
wenn es sein mußte
auch in der Dunkelheit.

Treppauf treppab im Licht aller Tage
sah ich die Welt meine größte Spielzeugkiste
und Truhe versunkener Schätze
und Abend für Abend vergrub ich die Sonne
um über ihr einzuschlafen.

Was ich damals erlebte, war immer ein Stern
oder ein weißes Pferd
das ich in meinem Zimmer anband
oder ein König, der weinte
weil ihm sein Griffel zerbrach
oder war alles verkehrt
weil schon die Nacht in mir gegen Morgen ging
und der frühe Tod in meinem Herzen
vollkommen einsam war?

Ich wußte Geheimnisse mit scharfen Augen
die alles sahen, was unter der Erde war,
Gold, meine einen Großeltern und Bäume
die nie in den Himmel wachsen würden.

Und dann gab es einen von dem alles kam
und den man den Vater nannte.
Ich kam davon und die Mädchen,
aber die Wellen kamen davon
daß am Grunde des Meeres ein Kind
in die Hände klatschte vor Freude
über alles, was es umgab,
als es noch klein war.

Als ich geboren wurde am ersten und letzten Tag
ergriff ich im Sturmwind das Steuer
und fuhr der langen
in See gestochenen Sonne entgegen
die ihr tiefes Blau
am Himmel aus scheinbaren Wolken zog.

Nie wieder brachte man alles zurück
von der Reise ans Ende der kreisenden Erde
wo so viele Dinge verstreut
die Stelle bezeichnen an der ich mein Leben begann.

Alle Kinder, die jeder Tag in mir
spielend und träumend verbrachte,
all die Himmel und Hölle schwörenden
Spielkameraden starben in Männern und Frauen
als ich mein eigenes Ende fand,

indem ich einzog in dieses für ewig gebaute Haus
mit den großen Mauern und Fenstern.
Die Sonne brannte jetzt heißer,
die Wolken bewölkten sich wirklich
und das Meer sank hinab in das wirkliche Meer.

Da sah ich noch einmal das herrlich gelobte Wasser
durchschritt ich noch einmal
das rote, geteilte Herz vor dem Abend
eh ich das Haus betrat,
diese finstere Wohnung mit Fenstern
von Jahren des Lebens verhängt
diese finstere Wohnung mit Türen
von Jahren des Lebens verschlossen.

Ihr wart meine Welt
und als ich zur Welt kam
wollte sie nichts von mir wissen.
Ganz allein war ich wie ein Blatt
auf den Boden gesunken
aber der Wind kam
dieser sanfte Regenschäfer
und wehte mit mir davon,
sie aber hatten sich die Stelle gemerkt
auf die ich gefallen war
und hielten sie für ihr Kind.

Ich denke mehr
als an dies oder das
was soll ich mit euch auch noch reden
euch hat das Leben nur hergebracht
mich aber wird es einst holen.

Es war wie Blei
das man über mich goß
sie nannten es Liebe, grau
hätte es mich von innen gemacht
wäre ich nicht verschlossen geblieben.
Ihre Worte schlichen draußen vorbei
feige und tief gebückt
als hätten sie jemand verraten,
ich aber lernte zu atmen
wo es keine Luft mehr gab.

Ich denke mehr
als an dies oder das
was soll ich mit euch auch noch reden
euch hat das Leben nur hergebracht
mich aber wird es einst holen.

Sie war fein
sie war nie
leere Seite
zartes Knie
Vater fort
ich war dort
Mutter auch
mit dem Bauch
lange Zeit
ist so weit
weitergehn
bleib nicht stehn
Fuß verrenken
selber denken
feines Knie
du kommst auch
aus dem Bauch.

Man hat mich festgenommen.
Ich bin allein.
Mein Herz schlägt riesengroß.
Die Trompete in meinem Ohr
stopft sich mit Schweigen.
Niemand kann wissen
was der nächste Moment umbringt.

Bis hierhin,
bis zu dieser Stelle
bin ich aufgezogen worden
an beiden Ohren
heraus aus der Mutter
über die Schulbänke hinweg
und all die Menschen.

Meine Augen sehen den Himmel
als etwas ganz Nahes
aus kleinen Quadraten.
Was ich anfassen möchte
ist schon verboten.
Ich bin allein in dieser Zelle,
ziemlich allein und schwer
mit meinen Knochen
die alle Namen haben.
Aber das Ganze hat keinen Namen.

Ich heiße mich glücklich
und manchmal bin ich froh
in ein Stück Brot zu beißen.
Ich lasse meine Muskeln spielen
und ritze Worte in die Wände ein
die meine Feinde fürchten.
Es ist nicht immer einfach
allein zu sein.
Im Gefängnis kann niemand
verhaftet werden.

Narziß mit dem bleibenden Namen
dein von Trauer gesegneter Mund
hütet sich wohl zu sprechen.
Nachts, über den reinen Quell
deines Blutes gebeugt
siehst du dein spurloses Leben
von Heute und Morgen verlassen.

Dem offenen Meer zu
strömt deine Schönheit
schon liebst du die Strände
an denen du anspülst
mit jeder Welle gepriesen vom Meer
von allen Taten reingewaschen
und vom entstellenden Glück.

Die Zukunft ist ein Almosen
für das du keine Hände hast
Narziß mit dem bleibenden Namen.
Aber die Wahrheit zu sterben
heimzukehren in den Staub
die Wahrheit daß der Tod
dir eines Tages das Gesicht verwirrt
und deine Seele ausgießt in die Finsternis
hat deinen Mund bestattet
tief im Schweigen.

Späteres Leben

Die traurige Schmiede des Glücks meiner Tage
ist ohne Feuer
wie stumpfe Schwerter
liegen die Worte am Boden.

Vergeblich den Funken der Hoffnung
aus ihnen zu schlagen,
und doch geht die Sage
so scharf sei eines gewesen
daß es den Baumwollsamen zerteilte
wenn ihn der Wind gegen die Schneide trieb.

Aber was nützen Märchen
was nützt das Meer
wenn man darüber hinweggehen kann.
Die traurige Schmiede des Glücks meiner Tage
ist kalt geworden
und die Gesellen der Träume
sind unterwegs zu anderen Meistern.

Es gab eine Zeit
da ich gerne schlief
auf dem harten Boden des Himmels —
jetzt ist er über mir.

Mein Vater war da

Mein Vater war da.
Keine halbe Stunde ist es her
daß er dasaß mit seiner Geschichte.
Er ist alt geworden,
er geht auf die Siebzig zu,
und wenn er seine blaue
Kapitänsmütze lüftet
dann brist es gewaltig im Zimmer.

Er hatte sich
aus allem zurückgezogen
und besaß nicht mehr
als sich selbst
aus dem er sich zurückgezogen hatte.

Das kleine Haus das ihm gehörte
hatte zwei Zimmer
ein möbliertes für die Möbel
und ein leeres für den Rest.

Ein Kind
saß auf der Bank
und betrachtete die Leute.

Ein junger Mann
saß auf der Bank
und betrachtete seine Schuhe.

Eine junge Frau
saß auf der Bank
und betrachtete ihre Knie.

Ein Mann in den besten Jahren
saß auf der Bank
und betrachtete seine Hände.

Eine Frau in den besten Jahren
saß auf der Bank
und betrachtete ihren Schoß.

Eine alte Frau
saß auf der Bank
und betrachtete ihre Bluse.

Ein alter Mann
saß auf der Bank
und betrachtete seinen Kopf.

Heute bin ich zurückgekehrt
sehr früh am Morgen oder spät am Abend.
Es dämmerte und ich sah das Meer
den Himmel, die Straße.
Nichts war verändert seit damals.

Das dunkle Haus dort im Garten
gehörte einst meinen Eltern
die sind jetzt begraben, irgendwo begraben
wie man als Kind etwas Gestohlenes
im Sand vergräbt.

Ich bin durch den Garten gegangen
an den Rosenbüschen vorbei
durch die Tür
durch den Flur
in mein Zimmer.

Der Mann der auf mich zukam
als ich zum Spiegel trat
war mir unbekannt.
Er hob die Hand, ich hob sie
wir fuhren uns über die Stirn
und fühlten unsere Angst.

Ich sah zum Fenster hinaus:
da sah ich Bäume, die ich malen wollte,
Friedhofsbäume, ich hab es vergessen.
Der Himmel war voll von farblosen Vögeln,
Tausende zogen vorüber und schrien.
Ich stand drohend am Fenster
warf Steine nach ihnen, aber vergebens,
die Zeit verging . . .

Bist du mein Vater?
fragte ich einen sehr alten Mann
auf einem Bild. Sein Mund
hinter dem Glas sagte: ja, ich dein Vater
war jung und stark, glücklich und reich
denn ich erinnerte mich an meine Kindheit
wie an etwas aus Gold.
Dann heiratete ich, hörst du mein Sohn,
werde auch so alt wie ich.

Bist du meine Mutter? fragte ich ein anderes Bild,
aber keine Antwort, keine Antwort
und es wurde schon dunkel im Zimmer.
Die Vorhänge zogen sich zu, die Türen verriegelten sich
die Läden klappten draußen zusammen
und es ward finster um mich und ich hatte Angst
wie damals der Junge.

Verlaß das Haus, rief jemand
verlaß das Haus, eh es zu spät ist!
Wer weiß, wie ich die Straße erreichte
ich spürte die Steine mit meinen Füßen
und rannte blindlings,
rannte und rannte die Nacht
und den folgenden Tag
und als ich anhielt um Atem zu schöpfen
war ich in meinem Zimmer.

Er hatte lange genug auf nichts gewartet
jetzt erhob er sich endlich vom grünen Stuhl
seiner Wiesen und Wälder
ein Gott im Zimmer
um Bier zu trinken und Pfeife zu rauchen
am siebenten Tag.

Er ging hinüber zum Schrank
in dem er das Meer und den Himmel verwahrte
und holte sich einen schönen Moment
um ihn wieder am Schreibtisch
zunichte zu machen
mit seinen verständigen Worten.

Aber die Hoffnung in Form eines leeren Glases
trank schneller von seinen Lippen
als er es tat.
Das machte ihn müde.
Er sank aus dem Phönix
hinab in die Asche
und alles war gut.

Wie lange noch würde die Lampe
mit dem Wachstuchschirm um die Sonne
dies herrliche Zimmer erleuchten,
wie lange noch würde die Spinne dort
über den Wolken den Faden weben
daß er stark genug sei
einen Mann zu erhängen.

Wie lange noch würde er diesem Trinken ausgeschenkt
und den Stuhl auf den Wiesen weiden,
wie lange noch Himmel und Meer
wie blaue Mäntel im Schrank verwahren.
Er wußte es nicht.
Während er in sich zurückgelehnt
den langen Abend erwartete
spann die Spinne den Faden
dicht über ihm.

Du bist stumm.
Aber ich bin stummer.
Du sagst nichts
aber ich sage noch weniger,
denn ich bin stumm
auf eine stummere Art.

Es liegt nicht daran
daß ich nicht wüßte
was es zu sagen gibt,
es liegt nicht daran
daß mir der Mund fehlte
oder gar die Worte.

Es ist als ob Stummheit
noch zu viel redet,
als ob Schweigen
eine leise Art von Sprache ist.
Ach wenn ich nur einen Grund hätte
zu schweigen oder stumm zu sein:
es würde ein Monolog.

So aber wird die Stille
zu einem Lärm der taub macht.
Jedes nicht gesagte Wort
poltert in den Keller
unserer Angst.
Stummer als alles,
stummer selbst als ein Grab
bin ich der mit dir zu reden versucht.

Ich habe hier immer schon wohnen wollen
mit Möwen zur See auf dem Dach
und Fenstern, die nicht am Haus
sondern Fenster der Landschaft sind,
als sei sie selber das Haus
vor dem ich im Freien anderer Häuser lebe.

Ich habe hier immer schon wohnen wollen
am frierenden Meer
das seinen Mantel aus Wellen zurückschlägt
um den Fisch seines Herzens zu zeigen.

Ich habe hier immer schon wohnen wollen
in einer Gebärmutter aus Regen und Wind,
fern von der Küste
an die meine Mutter verschlagen wurde
und mein ahnender Vater
ein Leben lang strandet am innersten Land.

Ich hatte mich aufgemacht
um nördlich des Nordpols
das niemals tauende Eis zu entdecken.
Ich war in vielen Menschen einsam
und viele Menschen einsam in mir.

Jetzt sollte endlich die Eisdrift
mein eingeschlossenes Leben
über alle Erfahrung hinweg,
über alle Erfüllung von Wünschen
in dieses möwenbedachte Haus einziehen lassen
das ein Wohntraum blieb
bis zum Ende der Reise.

Es lebt sich leichter
unter den ausgedachten Bäumen.
Es gibt Schatten dort
den die Sonne schon lange vergessen hat
und die Kühle des Morgens
brennt mir im Rücken.

Nicht die Richtung ist es,
die die Straße macht.
Es sind die Gräben,
es sind die Felder und Zäune,
vielleicht auch die Wälder
rechts und links der Gewißheit.

Es geht sich leichter
auf solchen Alleen
unter den ausgedachten Bäumen
mit ihrem ausgedachten Laub.
Es stirbt sich auch leichter dort
wenn man innehält
um den eigenen Schritten nachzusehn.

Man muß lange hin und her gehen bis ein Weg entsteht

Wenn ich manchmal bei euch vorbeikomme
dann nicht weil ich etwas von euch will
und auch nicht weil ich irgendeinen konkreten Grund hätte
eine Sache, eine Person oder eine Meinung betreffend,
vielmehr komme ich vorbei
trinke Bier in der Küche
benütze die alten Argumente
erzähle die gleichen erdachten Abenteuer
und geh an derselben Stelle pissen im Hof
weil ich von innerer Sehnsucht getrieben
immer dieses eine Stück Wiese hin und her gehen muß
bis ein Weg entsteht.
Ein Weg, unmerklich eingedrückt in sanftes Gras
in staubigen Boden, eine kleine auf Steinen
unsichtbare Spur zwischen zwei bedeutungslosen Punkten.

Es dauert lange bis so ein Weg entsteht
und je länger die Strecke
um so mehr Zeit braucht es sie zum Weg zu machen.
Wenn es nur hundert Meter wären
ich schätze zwei Wochen würden genügen,
wenn es aber ein Weg von mir zu dir
von Geburt zum Tod geradlinig oder krumm
über Dächer Enttäuschung Betten und Liebe
wenn es also ein ganzer Lebensweg werden soll
genügt da dies eine Leben?
Genügt da die eine Person mit ihrem einen Leben?

Darum sage ich, wenn ich manchmal bei euch vorbeikomme
vielleicht hilft es, wenn wir wenigstens ein paar Meter
vom Leben zusammengehn,
und ich trinke Bier in der Küche
benütze die alten Argumente
erzähle wieder und wieder die gleichen erdachten Abenteuer
und geh an derselben Stelle pissen im Hof
weil ich von innerer Sehnsucht getrieben
immer dies eine Stück Wiese hin und her gehen muß
bis ein Weg entsteht.

Fortsetzung des Gedichtes »Lie still, sleep becalmed, sufferer . . .« von Dylan Thomas

Erwache, Dulder, in deinem Grabe
umgeben von Himmel und Erde
und großen Worten wie Liebe und Tod
und allem, worin man umhergehen kann
ohne ans Ende zu kommen.

Ohne ans Ende von damals,
als das Gewächs in deinem Kopf
zu blühen begann,
schwarz und für immer in diesem Bett
das deinen Körper ertrug wie ein Unglück.

Erwache aus deinem Schlaf
Schöpfer in jedem Sterben,
und alle Gestalten aus deinen Werken
diesseits und jenseits der Meere
öffnen die Seiten,
kommen heraus wie aus Toren
und schütteln die Buchstaben ab,
diesen Staub deines gelobten Landes.

Mädchen erheben sich
aus dem Heu oder Weizen deiner Gedichte,
kleine Jungen sagen die Wahrheit
an der ihre Väter zugrunde gehen,
und alle beginnen zu leben,
die Kinder spielend,
die Frauen in ihren Herzen,
die Männer redend und saufend
am Stammtisch der runden Sonne
dich feiernd, der alle zeugte
mit sich und der Liebe.

Erweckt ihn aus seinen Träumen,
hebt das Schiff seines Lebens,
das ausfuhr mit Worten
und zurückkam mit Bier oder Whisky,
das einst unterging vor Feuerland
oder der Kindheit,

weckt ihn, den Wasser- und Landstreicher,
den Kapitän seiner Stimme,
zerreißt seine Totensegel
und öffnet der Erde die Augen,
schändet das Grab dieses Mannes
mit seinen Gedichten.

Tragt seine Hoffnung
auf schwachen Schultern durch alle Zeiten,
reicht ihm noch einmal den bitteren Kelch
damit er ihn niemals ganz leere
in einem endlosen Zug
am Altar dieses Lebens
unter dem Tisch der Kneipe
des blauen Himmels.

Heftige Trauer hat mich gepackt
und schüttelt mich wie einen Baum
bebt nun die Erde unter mir
ist es vom Wind nur ein Traum?

Ich spüre bis tief in die Wurzeln hinein
dies Schwanken in Freude und Schmerz
die Wurzel, sie hält noch, doch nicht der Stamm
er reicht mir bis tief in das Herz.

Wenn ich hier sitze
allein und stumm in meinem Zimmer
mit meiner Pfeife
dem Grog, der Petroleumlampe
umgeben von dunklem Holz
wie in einer Schiffskajüte
schiffbrüchig und traurig
am wärmenden Ofen,
wenn ich ab und zu ein Stück Holz auflege
vom tischlernden Strand
oder blätternd in einem Buch
an früher denke,
wenn ich mein Leben
vor meinen Augen rauchen lasse
wie einen Schwelbrand im Sommer,
und wenn ich mich kaum bewege
wie ein winterschlafendes Tier
in seiner Erde Erinnerung,
wenn ich die Uhr ticken höre
und das Gefühl für Zeit
langsam am Fenster verblaßt
und wieder ein Glas
dieser heißen, dampfenden Flüssigkeit
mir in die Seele rinnt
ohne sie trösten zu können,

dann warte ich Stunde um Stunde
Abend für Abend
Jahr für Jahr
auf den einen Moment
an dem die Tür aufgeht
und jemand hereinkommt
sich zu mir setzt
und ich ihm alles erzählen kann.

Einer aus Nazareth

Der Abend hatte den Himmel
wie einen Stein auf ihn gewälzt
und sein Inneres fest verschlossen
mit Schmerz und Dunkelheit.
Er lag auf dem Rücken
und sah nur noch schwach
die Schrift in den Sternen
hier ruht mein Sohn.

Seine Wächter waren schon lange
im Moor versunken des Schlafs
und hatten den Toten vergessen,
die Stimme des Herrn war verstummt
die Klage der Weiber erloschen,
nur sein Herz schlug noch immer
die vollen Stunden.

Als es am längsten schlug
kam ein Augenblick über ihn wie ein Beben,
er sah beim Licht seiner Wunden
das Glück und die ewigen Gärten
in denen ein alter Mann
Bäume pflanzte und fällte,
er sah über Länder und Meere
den ewigen Zug der Toten
von einem Engel im Kreise geführt
und hörte Stimmen, die nie erstarben
gelobt seist du.

Beim ersten Sonnenstrahl
fuhren die Wächter auf
und fanden das Grab geöffnet
das Siegel erbrochen, die Kammer leer
so daß sie glaubten zu träumen
und lange ihn suchten

er aber blieb verschollen
in seiner Verheißung.

Die Einsamkeit des Wanderers auf seinem Lebensweg

Ich kam durch tiefere Länder.
In manchen sah ich kein Haus
keinen Stein auf dem anderen.
Noch ehe es Nacht war, kehrte ich ein
aber Verzweiflung packte mich bald
und wies mir die Tür:
»Geh weiter, bleibe nicht hier
und trinke kein Glas mehr,
denn die Liebe ist wie ein Hai
der erstickt, wenn er sich nicht bewegt.«

Mein Herz war unkenntlich geworden
von so viel Erkenntnis,
mein Kopf hielt sich kaum noch auf meinen Schultern,
er wollte mir vor die Füße rollen
und immer noch ging es bergab in tiefere Länder.
»Schrei Bruder, schrei
wenn du ein Hirte bist
damit dir die Schafe davonlaufen
denn wo du sie weiden läßt
ist ein Leben, das Wölfe aus ihnen macht!«

Ich kam durch tiefere Länder
im heulenden Sturm
der wie ein Hund zum bleichen Mond aufheulte
und in der heulenden Dämmerung
sah ich die alten Gestalten
die tapfer gleich mir und tief gebeugt
gegen den Wind ankämpften.
Sie wollten alle zum Wasser
sie wollten alle im letzten Blick
voll endloser Liebe das Meer umfassen
aber sie kannten so wenig wie ich den richtigen Weg.

»Orientiert euch an der Richtung des Windes!«
rief ich, »er kommt vom offenen Meer.«
Aber das wußten sie alle seit alters her
und waren wie ihre Väter und deren Väter
und Väter der Väter im Kreise gegangen.

Ich kam durch tiefere Länder.
Der Weg ist ausgetreten,
die baumlose Straße krümmt sich im Nebel.
So viele vor mir,
so viele die nach mir kommen.
Ich frage, ist dies ein Weg?
Kreuzen sich nicht diese zahllosen Fährten
auf einem endlosen Platz
umgeben von anderen endlosen Plätzen?
Niemand weiß Antwort
aber man wird die Frage
wie eine Falle stellen solange man lebt.

»Hörst du das Rauschen der Wellen?
Es ist schon stärker geworden.«
»Es ist nur das Rauschen des Blutes
in deinen Ohren.«
»Siehst du den hellen Streifen am Himmel?
Ich glaube die Sonne kommt durch.«
»Deine Wimpern sind weiß geworden,
vom Haupt fällt Asche auf deine Augen.«
»Riechst du nicht auch diesen Seetanggeruch?
All die Muscheln und Fische und Strandgut der Wellen?«
»Es ist nur dein eigener Schweiß
von der Mühe des endlosen Wanderns.«
»Wäre es nicht besser zu bleiben?
Wäre es nicht besser, das Meer sich nur auszudenken
wie all unser Glück?«
»Komm Bruder, komm Schwester,
es hat keinen Sinn
zu bleiben oder noch weiterzugehn,
aber wir wollen uns müde machen
auch wenn keine Ruhe mehr ist.«

Liebe

Geborgen in der Höhle deines Schlafs
gelingt es mir
über die Dächer hinauszusehen.

Wenn ich mich im Bett
von einer Seite auf die andere drehe
wie ein Wetterhahn
dreht sich die Welt mit mir.

Gegen das eine Fenster
regnet es heftig
ich sehe die Tropfen
an deinen Augen rinnen,

ins andere Fenster
fällt heller Sonnenschein.
Du ziehst den Vorhang
ein wenig beiseite
und berührst meine Schulter
um einen Schatten zu werfen.

Hoch über den Dächern
huschen die Träume
wie Katzen hin und her
und die Todesangst
schlafwandelt zwischen den Schloten.

In deiner Höhle aus Schlaf
liege ich auf dem Rücken
und sehe den Himmel über uns
wie er eine Wolke formt.
Wir sind ganz ruhig
denn wir brauchen uns nicht zu fürchten.

Der endgültige Abschied sollte kommen.
Sie saßen auf ihren Stühlen
am Kneipentisch
wie Gipsfiguren so starr und brüchig
und warteten.
Hast du Feuer? fragte sie.
Dann rauchten beide
die letzte Zigarette.

Rauch stieg auf zur Decke
kräuselte sich
wurde dichter
und sank herab
wie eine Nebelwand.

Als der Kellner kam
um ein Fenster zu öffnen
waren die Stühle leer.

Ich liebe dein Gesicht
ich weiß nicht woher
ich liebe deinen Leib
ich weiß nicht wohin
ich gehe zu dir
ich weiß nicht wozu.

Du lebst in deinem Haus
und ich lebe in meinem.
Wir werden nie ein Haus
für uns beide haben.
Sicher ist auch,
daß es keine Reise gibt
die uns mitnimmt nach draußen.

Dennoch sitze ich jede Stunde
ab wie einen Stuhl
wenn ich auf dich warte,
oder ich zähle die Schritte
wie Latten an einem Gartenzaun
wenn ich auf dem Weg bin zu dir.

Eine Frühlingswiese ist manchmal unser Bett
und Gänseblümchen die Federn
die es verliert.
Immer wenn wir zusammen sind
bin ich kein Kind mehr
ohne doch alt zu sein.
Ich stehe fest auf dem Boden
aber die Erde schwebt.

Wie ein Kind das glücklich und müde ist
von zuviel Baden im Meer
fasse ich dich an mit meinen Händen.
Deine Haut flüstert an meiner Haut
mit einer Stimme die sanft klingt.

Wir redeten lange zusammen
mit unseren Händen
während die tiefe Nacht
sich im Bett auf die Seite des Morgens rollte.
Wie soll es weitergehn?
Im Zwielicht sieht alles viel größer aus.
Hast du Angst?
Sicher wird diese neue Sonne
deutlicher brennen als gestern.

Wenn ich dich ansehe
kann ich nicht glauben
daß etwas aufhört.
Wie ein Zauber
den man nicht brechen kann
bewegen wir uns leise
als sei es das Meer
das niemals aufhört
sich in sich selbst zu wiegen.

Warum war man vergeblich auf der Suche
nach einem Wort für Liebe?
Vielleicht weil ihr seit altersher
ein Ende bereitet wurde unter den Menschen
und auf dem Tisch des Herrn die Klage liegt
daß er die Welt erschuf.

Gestern brach die Kälte über Nacht
in unsere Ställe ein und mordete die Tiere,
wir hörten ihre Schreie, sahen alles Unheil
und schlossen uns voll Angst
ein jeder in sein Haus.
Der Knecht verließ uns, dieser Sommer
und ging davon mit allen Feldern,
wir waren plötzlich arm wie Könige ohne Land
und einsam wie das Alter.

Wohin, wenn alles fort, wohin,
zu einer Zauberin, die aus der Hand liest
was die Zukunft reich an Gaben bringt?
und die doch aus der Hand die Spur
von so viel Zärtlichkeit nicht lesen kann.
Oder geht man jetzt zur See
nach neuen Küsten, auf nach Bimini
wo keiner Milch und Honig kennt
und keiner Sehnsucht möchte?
Geht man aufs Meer hinaus
um einst als großer Kapitän
zurückzukehren in den Hafen
randvoll mit Schnaps
mit tätowiertem Herzen
und Taschen voller Gold?

Doch das sind Jugendträume
die unreif besser sind als später
wenn man groß und weise denkt
und vor der Haustür sitzt
um sich zu wärmen.

Welch herbstliches Geschick
muß jetzt noch reifen
damit das Ende schwer ertragbar wird
wie dieser Morgen?
Ich weiß es nicht.
Ich weiß nur daß die Spur verwischt
die Leben hinterläßt im Schnee
bevor er fällt.

Nun ist es geschehn daß ich glücklich war
und verbracht in der Zeit.
Eine stürmische Sonne
war taghell vom Meer erleuchtet
über den Abend gesunken
und hatte ihn angefüllt mit Wärme und Licht.

Ihre Nähe aus Anmut und Tod
hatte die Zukunft mit Schatten verdunkelt
daß ich sie blind an der Wahrheit
dieser einzigen unübersteigbaren Wand
mit meinen Worten ertasten mußte
um weiter zu leben so lange es geht.

Ich wurde durch ihren Anblick bewegt
heftiger als Bäume im Wind
schöner als Wellen vom Sturm,
leichtfertig und schnell
war unter der Hoffnung gesegelt
mein endlos beladenes Schiff.

Aller Schmerz war Musik
in meinem Herzen geworden.
Die Wahrheit in ihrer Kindheit
sie wiederzusehen
war gleich der Gewißheit zu sterben
zu meiner Gewißheit des Lebens geworden.

Jetzt gehen die kommenden Tage
mit schönerer Last davon.
Eine wärmere Sonne
die wie ein Tagelöhner Abend für Abend entlohnt wird
arbeitet jetzt an dem Haus
in das ich einziehen werde für immer.

Dann wird diese andere Wahrheit
sie niemals mehr anzutreffen
außer am weißen Strand der erinnerten Tage
zu einer tönenden Stimme
die in mir die Trauer ausruft
mit jeder Stunde.

Ihn träumte er wäre ein Kind
und das Kind wäre ein Mann
mit einem Kinderherzen voll Glück
und dieser glückliche Mann
verbrächte ein glückliches Kinderleben
auf einer Insel die schön war
und glänzend im Meer schwamm
wie ein im Leben verankertes Schiff.

Und ihn träumte, das Kind
das ein Mann war
hätte im Glück eine Frau
deren Arme wie Wasser stiegen
und zärtlich landunter waren die Tage
und alle Deiche brachen
und ließen die Schwärme
der Fische herein.

Im Traum war dies Leben
schöner als alle Träume
denn es war wirklich so wie er träumte,
es war ein wirkliches Glück
das er im Traum aus der Nähe sah
und die Warft seines Herzens
von der aus man weit sehen konnte bei klarem Wetter
umspülte ein steigendes Meer
aus geträumten Tagen
an denen die Liebe kein Ende fand.

Im Leben dagegen war dieser Traum
ein tödlicher Irrtum,
ein Irrtum aus Sehnsucht begangen,
ein ausgegrabener Stein
der behauen war vom Wunsch
einen neuen Menschen aus sich zu schaffen.

Lamentation eines alten Herzens

Ach, niemals mehr
dieses Schwellen des Herzens
unter der Morgensonne
im eigenen Atem
und der einfachen Freude da zu sein,
nie mehr diese Lust am Erwachen
neben einem Mädchen nie mehr
den Frühling feiernd
wie einen Gott den kommenden Tag,
denn alles was mich leben ließ
ist auf der Pilgerfahrt durch diese Welt geschehn.

Ach, niemals mehr
welch eine ohrenbetäubende Predigt,
diese Lamentation eines alten Herzens,
nicht mehr die farbigen Bilder der Zukunft
im einst unaufgeschnittenen Buch,
nicht mehr dieses Schwellen des Herzens
unter dem Wappen der Liebe
das zwei geöffnete Arme zeigt,
nie mehr die wolkenlose Braue
der Sommernächte,
verlassen die Dörfer alle der Kindheit.

Und doch liebe ich noch den zwielichtigen Morgen
liebe ich noch die Sonnenuntergänge in all ihrem Blut,
aber es ist eine andere Liebe als früher,
ohne Spiele zu zweit
ohne Erwartung in einer Zeit
da man das einfache Licht des Tages zu fürchten beginnt.

Die Mückensonne schwärmt am Himmel
durch die Blätter eines Traums
geht der Wind so schwer zu Herzen
aus dem Haus der Sommer zieht

komm her zu mir mein gutes Kind
in Arbeit und in Liebe
die Schwärmer auf der Erde sind
der Grillen Mücken Träume

und, wahres Meer, bis auf den Grund
in meinem Leben werde
der sonnenhell umschwärmte Tag
ein Grab aus Himmel, Erde.

Mit Leichtigkeit

In meiner guten Stube
sind schöne Dinge,
ein Himmel im Schrank
ein Bett zum Träumen
vierzehn Tage eine Woche und etwas Brot.

Morgens fällt die Sonne durchs Fenster
die Vögel unter dem Teppich singen
meine Kleider fallen vom Boden
wenn ich sie rufe,
mein linker Fuß ist noch nicht aufgestanden
aber die Kaffeebohnen tanzen schon auf dem Tisch
und die braune Hand des Ansagers
kommt aus dem Radio und dreht an den Knöpfen.

Tagsüber hockt etwas Weißes in einer Ecke
mit vielen kleinen Augen.
Am Abend kommt es ans Fenster
und fängt an, die Sonne aufzulecken,
davon wird die Nacht viel größer
und kann wieder sehen.

Ich schlafe dann schon
in meiner guten Stube
in der es so schöne Dinge gibt
wie niemand und dich.

Ich wohne
in meiner Wohnung
meine Wohnung
wohnt nicht in mir
aber ich möchte
meine Wohnung bewohnen
als eine Wohnung
die mich bewohnt.

Wir sollten uns beide
bewohnen,
aber ich schließe sie ab
wenn ich gehe
und ich schließe sie auf
wenn ich komme,
hallo sage ich
da bin ich wieder
und ich werfe meine Jacke
über einen Stuhl.

Schmeiß mich doch raus
wenn du kannst
sage ich
aber das kannst du ja nicht
und darum gehe ich morgen freiwillig.

Moritat des verkannten Dichters von ihm selbst verfaßt

Herr Nichts und Fräulein Wiedernichts
das sind zwei feine Laffen
für beide muß ich ab und zu
was Ewiges erschaffen.

Mit der Geschichte ging es so:
in einem kleinen Städtchen
ward einst Herr Nichts des Lebens froh
und suchte sich ein Mädchen.

Das Fräulein Wiedernichts indessen
das lebte dort alleine
sie hatte keinerlei Interessen
und ward deshalb die Seine.

Die Hochzeit war ein feines Fest
man liebt' sich ohne Flammen
und wünschte sich die Krätz' und Pest
denn dieses hält zusammen.

Sie nahmen sich darauf alsbald
zum Diener den Poeten
und da die Wahl auf mich gefallt
leb ich von den Diäten.

Ich schreibe, dichte Tag und Nacht
für meine Herrschaft gerne
und hab es seither weit gebracht
vor allem in der Ferne.

Und die Moral: für dieses Nichts
und Wiedernichts zu schaffen
macht aus dem Dichter des Gedichts
ein Nichts von einem Affen.

Frühjahrsputz

Die Sonne brannte in meinem Bierglas
voll gelber Blumen
und der klare, eiskalte Schnaps des Himmels
floß am Fenster herunter
und wusch es so blank
daß man weithin sehen konnte
bis zum klaren, eiskalten Horizont
der gegenüberliegenden Häuser
die alle blau waren wie ich
und der nadelnde Tannenbaum von Weihnachten
schlug laut im Mülleimer aus
während ich duschte und spürte
wie die letzte Lawine des Jahres
an meinem Rücken niederging.

Wieder wurde es Sommer
und die Schneemänner prügelten sich
im Arbeitsamt um eine Badehose.
In den Tiefkühltruhen grünten die Erbsen
und die Feuerwehrleute verteilten Streichhölzer
für den ersten Waldbrand.
Alle Bademeister erwachten zu neuem Leben
und klärten die Ertrunkenen
über ihre Rechte auf,

wieder wurde es Sommer
und mancher Kohlenhändler
erschlug mit dem letzten Brikett seine Freundin
während ich glücklich und voll
meinen strahlenden Sonnenbrand
am offenen Fenster löschte.

Da die Schatten Schatten sind
und die Rosen Rosen
da man seine Zeit verlor
ist das Ende niemals.

Jeder Frühling geht vorbei
unter einem Sommer
jede Freude ist der Tod
einer andren Freude.

Alle Helden eines Traums
sind am Tage Sklaven
alle Märchen sind nicht wahr
wie das Glück der Alten.

Alle Vögel sind nicht da
alle Jugendtage
sind wie eine ferne Welt
in der Welt versunken.

Ach im Lebenskampf gefallen
sind die Kämpfer für das Leben
und so spät ist keine Hoffnung
wie der Abend dämmert.

Da die Schatten Schatten sind
sind die Rosen Rosen
da man seine Zeit verlor
ist das Ende immer.

Polanski dreht seinen letzten Film

Polanski dreht seinen letzten Film
ein Hase hoppelt über den Acker von Hermann Löns
Christus dreht sich im Grab auf die andere Seite
weil ihn die Wunde stört
irgendein namenloser Dichter schießt sich in den Mund
er trifft aber nur das Wort Tod das herausfällt
Polanski springt in ein sehr schönes Meer und geht unter.
Als er wieder auftaucht, hat er ein Messer zwischen den Zähnen
er stößt es Christus zwischen die Rippen
eine weiße Wolke senkt sich auf den Acker
Hermann Löns besteigt die Wolke und fährt zum Himmel
der Hase schlägt seine Vampirzähne in einen Kohlkopf
der Goethe ähnlich sieht
der namenlose Dichter bückt sich und hebt das Wort auf
er steckt es sich in den Mund und schluckt es herunter
Christus fällt tot um
im Film sieht man Polanski wie er seinen letzten Film dreht
Gott Vater begrüßt Hermann Löns mit einem festen Händedruck
sie sehen sich verständnisvoll in die Augen
es sind Polanskis Augen die aus Glas sind wie bei einer Kamera
der namenlose Dichter spürt das Wort Tod
wie es ihm schwer im Magen liegt
aus der Wunde in Christus' Seite kommt Wasser
es entsteht ein ganzes Meer
in das der namenlose Dichter hinabtaucht um das Messer zu holen
Polanski dreht gerade die letzte Szene
als der Dichter versucht, sich das Messer aus Christus' Seite
am Grunde des Meeres in den Magen zu stoßen
um das Wort Tod zu töten
hier endet der Film
Hermann Löns Gott Vater und der Hase haben ihn nie gesehn.

Jägerlatein

Es war ein gerade begonnener Tag
an dem die Sonne auf einem schwarzen Velo Solex
aus der Nacht hinaus auf eine grüne Wiese fuhr
um abzusteigen inmitten von Blumen
die gelb und rot wie ein Hochzeitsstrauß blühten.
Als ich dort eintraf
drängten sich Rehe und Böcke auf dem Hochsitz
um nach dem Förster Ausschau zu halten
ihre langen sechsendigen Flinten im Anschlag
sahen sie zu, wie dieser traurige Mann
auf allen Vieren auf die Wiese kroch
einen Fernseher auf Rädern
wie einen Holzhund hinter sich herziehend
die angebrochene Flasche Schnaps quer im Maul
bedeckt von Flusen und Fusseln
die er sich auf dem Weg über sein
endloses Teppichleben geholt hatte.

Wer schießt zuerst fragte der Hirsch
wie schießen zusammen meinten die Hasen
und alle lachten und bockten und krümmten die Rücken
vor Freude über das Schauspiel.
Ich aber rief dem Förster zu, hab acht,
paß auf dich auf und rappel dich hoch
sei voll Hoffnung, nimm ernst was du tust
werde glücklich und laß dich ruhig treffen.
Halali brüllten die Hasen und schossen und trafen
den Fernsehdackel der wie eine Bombe zerplatzte,
die Sonne schwang sich erschrocken aufs Mofa
und während die Nacht voller Funken und Flintengeknatter
herniedersank, krochen der Förster und ich
zurück durch den Wald, unverletzt und zufrieden
und durstig saßen wir hinterher in der Kneipe
am Ende des Weges bei langem Erzählen
vom Leben und von der Liebe im Jägerlatein.

Tod

In Zeiten
fallenden Laubes
und kerzengrad
aufsteigenden Rauchs

fürchte ich
sterblich zu sein.

Dau ist tot

Dau war ein Original.
Das wurde ihm zum Verhängnis
denn es gibt nur noch Kopien.
Dau war also die Kopie eines Originals,
und das wurde ihm zum Verhängnis.

Am liebsten hätte er von sich sagen wollen
»Mein Akkordeon ist mein Leben«,
aber wenn er dann des Abends
»Wo de Nordseewellen« spielte
in seiner Kneipe, und wenn er besoffen war
und wenn sich die Touristen daran erfreuten,
dann war sein Akkordeon sein Tod.

Zwar spielte er auch die Orgel in der Kirche
auf deren Friedhof er jetzt liegt,
aber nie so wie sein Schifferklavier,
das seinen Bart wachsen ließ
in Windeseile
und das er umarmte wie eine Braut,
die er zog und drückte im Sturmgebrus
voller Salzluft im Balg
daß der Nordwest durch die Zungen blies
und die Nordseewellen treckten an de Strand.

Die Möwen schrien auf den geelen
und schwarzen Tasten
und zu guter Letzt umarmte Dau
das Akkordeon wie eine nackte Frau
und sie wickelte sich um seinen Bauch
und beide wurden eins.

So spielte Dau das Akkordeon:
im Sarg is mine Heimat
door bin ick to Hus.

Auf den Tod einer alten Frau

Das Zimmer hatte zuerst eine eckige Form
dann wurde es rund, immer kleiner
und lief blau an.
Ein leichtes Zittern befiel die Tapeten
die Möbel sanken schweißnaß zu Boden
der Teppich schwebte wie ein bunter Nebel
über einem schwarzen Schacht.

Aus dem Ofen kam eine kalte Stimme
gedämpft von der spanischen Wand:
siehe meine Tochter
du bist alt
dein Blut ist ohne Zukunft.

Das Sofa überströmte roter Samt
die Bilder der Angehörigen verblaßten vor Mitleid
auf dem Schreibtisch lagen Briefe, Abschiedsworte
ungelesene Bücher mit bleistiftunterstrichenen Stellen.
Noch einmal zeigte das glänzende Klavier seine Tasten
noch einmal bemerkten Blumen die Stille
ehe alles zu einem kleinen blauen Ball wurde.

Während die Welt das Zimmer umkreiste
als ein vom Leben gleichgültiger Stern
war dieser Vorgang unumstößlich wahr und wirklich:
jemand nahm den Ball und warf ihn gegen eine Wand,
wieder und wieder,
warf ihn und fing ihn
ewiglich.

Ich werde mein Leben verbringen
unter den Schwärmen der Tage
die am Himmel Pfeile bilden
mit ihren Träumen gen Süden
und meinen Koffer packend werde ich wachen
und schlafen wo immer es geht
in jede Himmelsrichtung der Welt.

Die Angst aus dem Frühling
werde ich in den Sommer tragen
und von dort in den Herbst, so schwer es mir fällt,
so tief diese Last in die Finger schneidet
bis ich nicht mehr schreiben kann,
und wenn ich sie absetzen möchte
wird Schnee sein, so weit man sieht.

Kürzer werden die Tage,
sie fliegen jetzt höher,
schon gibt es Kinder, die nach dem Schlitten sehn
und andere, die voller Sehnsucht den Himmel betrachten.
Die Alten empfinden zuerst die Kälte unter den Blumen
und manche sehen die Erde
heimlich wie eine Vertraute an.

Frauen, die einst in der Liebe
bis zu den Hüften tiefer sanken
gehen jetzt leicht über steinige Wege
und Männer voller Geschichten
können sich nicht mehr entsinnen
und sitzen wie Krähen zusammen am Boden.
Jemand deutet zum Himmel:
die wandernde Wolke, die eben verschwand.

Dylan Thomas

Es war spät spät am Abend
die Sonne brannte in den Betten der Liebespaare
und die Kinder erwachten in ihren großen Träumen.
Es war die Stunde der Vereinigung des Fleisches
als die Trunkenheit in eines Mannes Himmel stieg.

Er hörte die Stimmen der Jahre durcheinanderreden
von schönen Sommern
davon daß es Liebe war
als wir im Korn lagen
und Winter, als wir uns in den Schnee warfen
um Adler mit den Armen zu machen,
die alle davonflogen
als es zu tauen begann.

Das Glas auf dem Tisch
flog auf wie ein Vogel und setzte sich an seine Lippen
er trank das Blut aller singenden Vögel
aus dieser Flasche
während die Nacht draußen lallend ans Fenster kam.

Niemals mehr würde er Quellen suchen gehen im Wald
niemals mehr böse Wörter in Bänke schneiden
und heimlich denken: es gibt nackte Mädchen.
Niemals mehr würde er sich treiben lassen im Wasser
oder beim Beten den Tränen nahe sein.

Er wußte, es war zu spät
zu spät am Abend, während er trank.
Das Feuer kam aus dem Ofen
und legte sich auf das Gesicht des Mannes
von dem die Rede ist.
Zu Ende wollte er schweigen
aber die Stimmen der Jahre brachen ab
die Bäume im Paradies verloren die Blätter zum letztenmal.

Der Mann von dem die Rede ist
erhob sich schwankend in seiner Trunkenheit
und sagte die Worte: hätte ich nie geliebt
hätte ich nie im Gras gelegen
hätte ich nie das Meer gesehn
gäbe es keinen Tod.

Ich habe mir vorgenommen,
ehe ich sterbe
noch vierzehnmal glücklich zu sein.
Das sei verdammt viel, werden Sie sagen,
nun, ein bißchen anspruchsvoll muß man schon sein
damit es sich gelohnt hat, das Leben.

Wenn man nämlich Pech hat
stirbt man eh man sein Ziel erreicht hat.
Vielleicht war man gerade erst
zum dreizehntenmal glücklich gewesen,
das ist dann schlimm
weil man enttäuscht in den Tod geht.
Man hat dann als letzten Gedanken
zum Beispiel:
verdammt, jetzt ist schon Schluß
obwohl ich doch noch einmal glücklich sein wollte,
oder: das Leben war eigentlich insgesamt
ohne Höhen und Tiefen,
oder: so ein Mist, daß es gerade jetzt zu Ende geht.

Wenn man aber Glück hat,
was selten vorkommt,
dann hat man in meiner Lage
noch vierzehn tolle Minuten vor sich,
vielleicht auch sogar noch eine mehr.
Das wäre dann kaum zu beschreiben,
wenn man genau in so einem letzten
glücklichen Augenblick stirbt,
zum Beispiel etwa:
wenn man an einem Sommerabend am Meer
in einem Strandcafé mit Blick
ein Bierglas hebt –
stirbt man aber ausgerechnet jetzt
ehe man das Glas ausgetrunken hat
hat man wieder Pech gehabt
und es geht einem so wie fast immer
und wie ich es eben beschrieben habe.

Ich habe Schwierigkeiten hier drinnen
mein Kopf träumt hier gestern genauso
wie heute von Dingen, die es nicht gibt
und morgen vielleicht hört mein Herz auf zu schlagen.

Also stehe ich auf und gehe hinaus
aus dem Haus, in dem ich nichts mehr zu tun haben will
solange ich lebe.

Ich komme durch ein eintöniges Land.
Der Wind weht mir ins Gesicht
und schiebt mich zugleich wie ein Blatt.
Ich bleibe stehn, um Atem zu holen.

Mein Blick wandert einmal im Kreis.
Überall Nebel, nichts als Nebel
soweit das Auge reicht,
ein graues, gemächliches Nichts,
und es beginnt zu regnen
aus einer bleichen, runden Sonne herab.

Das ist das Ende, sage ich mir
ohne die Lippen zu bewegen,
jetzt ist es endlich vorbei
mit der ganzen Geschichte,
und ich spüre wie sich mein Atem
in einen Seufzer verwandelt
den niemand hört.

Ein tiefes
aus dem dämmernden Erdreich des Himmels
ausgehobenes Rechteck
war jenes Fenster
für seine Augen.

Sie hatten es schwer genug
einen Weg zu finden
über den nassen Deich
in all der Dunkelheit
aus untergegangenen Sonnen.

Umsonst brachen die Deiche
im ablaufenden Wasser
umsonst gaben die niedergebogenen Ähren
des Meeres ihr graues Brot
für die Speisung
eines fünftausend Tage währenden Lebens:

seiner Unfähigkeit
auf dieser Seite zu sterben
folgte ein neuer Morgen
mit dem Versprechen ebenmäßiger Freude.

Er ging auf die Lahnung hinaus
und hörte das singende Watt unter den Wellen.
In jener Stunde wünschte sich niemand
so sehr seinen Untergang
wie er der versunken war
in den Anblick des Meeres.

Im Sterben liegender Traum vom Meer
das sich nicht bewegt,
von weit her kommende Stille
mit deinen Märchen und Rätseln,
die Glocke der untergegangenen Sonne
man hört sie, wenn man die Hände ins Wasser hält.

Siehst du am Strand
wie Muscheln verstreut
die Schritte von damals
als wir barfuß nebeneinander liefen,
sammle sie ein und trage sie mit dir nach Hause
wir wollen sie zählen.

Wie schnell es jetzt dunkel wird.
Weißt du noch, wie es war
auf der Innenseite des Glücks?
Auch das Meer war schöner in seiner Jugend
ungestümer mit seinen Wassern
als es am hellichten Tag hinter uns herlief
bis in die Häuser über Tische und Stühle
und mit uns vom Teller das salzige
von der Sintflut zurückgebliebene Wasser aß.

Nun ist es still geworden
von einem Sturm der anders ist und schlimmer.
Wir wollen nach Hause gehn
die Fenster verrammeln, Vorsorge treffen –
weißt du noch wie es war,
als ich dich über die Schwelle trug
wie ein Licht das nicht niederbrannte
alle die Nächte?
Weißt du noch wie wir die Ewigkeit bei uns hatten
als einen freundlichen Gast?
Aber wer schließt uns die Augen
Wer ist es, der plötzlich hinter uns steht
und uns die Augen zuhält mit seinen Händen.

Vor meinem dreißigsten Jahr

Alle Gewalten und Winde
kamen vergeblich um wieder zu wecken
was unter so vielen Jahren entschlafen war
und ein Frühling zeugte den dreißigsten Sommer
im wogenden Feld als die Sonne
die Worte durchzog
und das Wort von der Liebe die Sonne.

Wer wusch anderes Gold aus den Nächten
als die schwarzen Gedanken am Morgen
wenn im dreißigsten Jahr nach dem Willen der Toten
die Klage von allen beginnt
die das endlose Meer ohne Wasser
über dem Himmel sahen.

Schon befahren die Weite der einen Gewißheit
zu sterben in täglicher Freude
wenn wahr ist was alles geschieht
und nicht Worte die größere Wahrheit bedeuten
über den flachgetretenen Wellen
auf denen schon viele Erlöser vorüberzogen
ins herrliche Land ihrer ausgebliebenen Rückkehr.

Aber alle die nicht mehr die Toten erwecken
und nicht mehr die Kranken heilen zu größeren Schmerzen
ertrinken für immer im Schatten der festen Erde
und ihnen entgegen ziehen in dreißig
aus Sommern geborenen Herbsten
die Lebenden ohne Zahl.

Ihr traurigen Freunde meiner Tage
redet nicht immer vom Sterben.
Noch bin ich inmitten des Frühlings
und die Wunde, die man Herz nennt
öffnet und schließt sich
wie ein Mund der vergeblich
nach Worten sucht.

Noch verstehe ich die Sprache der Liebe
wenn sie auch nur ein Rauschen ist
das am Grunde des Meeres
aus all den Schiffsuntergängen strömt,
noch kann ich einen Baum
von seinem blühenden Schatten unterscheiden
und noch ist es nicht zu spät
meine Uhr nach der Farbe des Himmels zu stellen.

Ihr traurigen Freunde meiner Tage
wenn ich euch reden höre
seid ihr mir fremd,
denn ich bin immer noch
diesseits des Flusses
und meine Heimat inmitten des Frühlings
hat noch kein Sommer verwüstet.

Ich sehe die großen Fenster
des letzten betörenden Sommers,
zahllose Vögel am Himmel
schwarze Kerne der Sonne aushackend,
verschwommene Blätter an undeutlichen Bäumen,
Bilder, die nicht mehr wegzudenken sind
wie das Aufhören des Weges
vor einem Haus.

Wir sind diesen Weg gegangen
an anderem Dasein vorbei
das überall unter dem Himmel aufschäumt,
aber am Ende wurde es mühsam.
Noch gibt es ein Wissen um Stunden
in denen wir auf dem Rücken liegend
bis zu den Wolken gesiegt haben
vielleicht auch noch jene Insel,

doch solche und andere Bilder
werden ein Ende finden
durch unsere Einkehr in dieses fremde
kalte und furchtbare Wirtshaus.
Wir wissen nicht, wer den letzten Gesang dort anstimmt
über den blankgescheuerten Tischen,
aber sicher ist, daß er heiser sein wird
vor Bewegung und Alter,
auch, daß er das Meer nicht übertönen kann.

Nachwort

Ein Gedicht machen heißt
einen klaren Gedanken
zu Ende denken
wobei Gedanke
Leben heißt
und klar meint
nicht in Worten sagbar
und denken heißt
in Liebe leben
also heißt ein Gedicht machen
sein Leben
das nicht in Worten sagbar ist
in Liebe zu Ende leben.

Früher dachte ich, es ist einfacher, Gedichte statt Prosa zu machen. Es handelt sich um eine relativ kurze und überschaubare Angelegenheit. Ein Gedicht erfordert mehr Inspiration als Fleiß. Man arbeitet nur Minuten und kann sich gleich selbst am Ergebnis freuen. Vielleicht schrieb ich damals auf Grund dieser falschen Einschätzung so viele Gedichte, die heute alle unbrauchbar sind, gekippt wie übersüßter Wein. Heute weiß ich, daß ein gutes Gedicht mindestens soviel Arbeit verlangt wie eine gute Geschichte. Es ist eben keine Sache der Quantität. Sicher findet die Arbeit beim Gedicht mehr vorher, mehr schon im Kopf und im Leben des Schreibers statt als bei Prosa, wo mehr auf dem Papier passiert. Aber die Tugenden eines guten Gedichtes sind so selten, so schwer zu finden, daß man die lange Zeit der Suche nach angemessenen Worten durchaus als Arbeit bezeichnen kann.

Um welche Tugenden handelt es sich?

Ein Gedicht muß neu sein, muß überraschen wie ein gut gestelltes Rätsel.

Es muß zugleich alt sein, einleuchtend wie eine Binsenweisheit.

Das sind fast einander widersprechende Eigenschaften. Neu bis zur Unverständlichkeit, alt bis zur Platitüde. Der Leser muß eine neue Erkenntnis, eine verblüffende Sicht der Dinge, eine exotische und magische Wortbeschwörung erleben, und er muß sie sogleich als etwas bereits im eigenen Kopf längst Geahntes, wie selbstverständlich längst Gemurmeltes erfahren.

Ein Gedicht muß ein Fortschritt sein mit alten Schuhen, die nicht drücken.

Die untrennbare Vereinigung progressiver und konservativer Elemente im guten Gedicht ist schwer herbeizuführen. Es verlangt viel Erfahrung, sowohl mit Worten wie mit Leben, seitens des Dichters wie auch des Lesers, eine Zeile zu finden, die so klingt, daß der Hörer denkt: ›Das ist ja schön, ganz verblüffend neu und interessant formuliert‹ – und Sekunden später: ›Hab' ich das nicht schon irgendwo mal gehört? Das kommt mir so vertraut vor. Ist es vielleicht sogar von mir?‹ Eine solche Zeile zu finden, ist Schwerstarbeit, die man nicht sieht (auf dem Papier), aber dadurch geleistet hat, daß man sich ganz allmählich zur Moral erzieht, nicht zu schludern, nicht experimentell-ästhetisch herumzuplänkeln, aber auch nicht mit dem Schaum billiger Weisheiten vor dem Mund zu dröhnen. Höchste inhaltliche und formale Präzision sind verlangt. Dabei weiß man nicht einmal, was das ist.

Für mich waren zwei Poeten dieses Jahrhunderts wichtige Vorbilder und Lehrmeister: Dylan Thomas und Bert Brecht. Der eine war scheinbar mehr ein Apostel des Experiments und der kühnen Metaphern. Ich liebte ihn deshalb früher. Der andere war mehr Konstrukteur klarer Gedanken. Ich empfand ihn deshalb anfangs als spröde. Daß Wortwahrheit und Gedankenwahrheit bei beiden Dichtern gleichrangig gewichtet sind – jedenfalls in ihren guten Texten –, merkte ich erst viel später, als ich mich von den Tönen einer hausgemachten Bardensprache löste.

Heute bin ich der Überzeugung, daß ich vielleicht vier oder fünf Gedichte vorweisen kann, die den erwähnten Tugenden gerecht werden. Das ist bereits eine gute Ausbeute, denn neben Präzision und Arbeit sind auch noch Glück der Minute, Gunst der Situation vonnöten. Um diese Texte gruppiert sich eine vielleicht zehnmal höhere Anzahl recht guter Gedichte, die es eben nur fast, aber nicht ganz geschafft haben. Sie sind entweder ein bißchen kopf- oder körperlastig, also zuviel Gedanke oder zuviel Wort. Solche Texte darf man auch noch vorweisen, denn man kann an ihnen lernen und auch seinen Spaß haben. Die noch zehnmal häufigeren völlig mißlungenen Gedichte sollte man lieber in der Schublade bei den persönlichen Dokumenten, Schulfotos und Liebesbriefen lassen.

So kommt es, daß ich nach einem Vierteljahrhundert Arbeit mit Gedichten etwa fünfhundert Texte verberge und die gut fünfzig in diesem Band versammelten vorzeige, wobei ich bei vier oder fünfen davon selber verblüfft bin, daß *ich* sie geschrieben habe, oder – besser gesagt – daß sie mit meiner Hilfe entstanden sind.

Ich habe diese Sammlung ›Selbstgedichte‹ genannt, nicht nur, weil diese Texte häufig von mir handeln, weil sie etwas mit Selbstgesprächen, Selbstbiografie zu tun haben – ich finde dies selbstverständlich, denn Erfahrung ist primär immer Selbsterfahrung –, ich habe sie auch so genannt, weil es Gedichte für sich selbst sind. Autonome Gedichte, die sich vom Selbst des Autors gelöst haben. Beides, der persönliche Bezug, die Herkunft sozusagen, und das Allgemeine, das Ziel sozusagen, müssen im Gedicht eine gute und ehrliche Ehe eingehen. Von daher halte ich auch nichts von der Unterscheidung in mehr ästhetische und mehr politische Gedichte. Was am eigenen Dasein der Rede wert ist, was also einen Anspruch auf Mitteilung in einer ästhetisch objektivierten Form erhebt, ist auch politisch, denn es soll zu jener sprachlichen Annäherung zwischen Menschen führen, die ein gut Teil unserer politischen Hoffnung trägt.

Inhalt

Kindheit

Späteres Leben

Liebe

Mit Leichtigkeit

Tod